SCHOLASTIC explora tu mundo™

Los tiburones

David Burnie

Libro digital gratis

Descarga gratis el libro digital para conocer a los hombres y mujeres que trabajan cada día junto a los tiburones.

rastreadores de
tiburones

Libro digital complementario de **Los tiburones**

SCHOLASTIC explor

Descarga gratis el libro digital
Rastreadores de tiburones
en el sitio de Internet en inglés:
www.scholastic.com/discovermore
Escribe este código: **RCDJH4JF2R47**

2

Identifica los tiburones

¿Puedes identificar estos tiburones?

Consejo

¡Busca tiburones que se parezcan a estos en este libro y en el libro impreso!

1
A Tiburón ballena **B** Tiburón leopardo

2
A Angelote **B** Tiburón mako

3
A Tiburón peregrino **B** Tiburón ballena

4
A Tiburón sierra **B** Tiburón martillo

5
A Tiburón anguila **B** Tiburón alfombra

6
A Gran tiburón blanco **B** Tiburón sarda

Responde las preguntas y demuestra cuánto sabes sobre los peces más famosos del mundo.

Rastreadores de tiburones

PÁGINA INICIAL

Todos los años, pescadores, buzos y estudiantes ayudan a rastrear tiburones. A cientos de tiburones se les pone un dispositivo. Así los investigadores pueden monitorear y estudiar cuán lejos nadan los tiburones y hacia dónde van en las diferentes épocas del año.

Los **rastreadores de tiburones** recrean el viaje de un tiburón usando la información del dispositivo. Este mapa muestra los movimientos de un tiburón mako en el océano Pacífico cerca de California.

Comprueba

Aprende **más** sobre
- migración
- cómo se marcan

Cuerda

Un tiburón mako es bajado con cuidado de un barco y liberado en el agua después de ponerle un dispositivo satelital.

Dispositivo satelital

Aleta dorsal

El tiburón mako tiene cinco **branquias** por donde le sale el agua del cuerpo.

Un barco transporta a los **rastreadores de tiburones** y el equipo necesario para poner los dispositivos satelitales.

Dientes afilados y curvos sobresalen de la boca del tiburón incluso si la cierra.

📹 **Mira como marcan a un tiburón**

Conoce a expertos en tiburones, desde biólogos marinos y cineastas hasta los que les ponen las etiquetas.

migración

La mayoría de los tiburones no se queda en un mismo lugar todo el año. Se ha descubierto que inmensos tiburones ballena viajan a diferentes partes del océano Índico en la primavera y el otoño y que cientos de tiburones martillo viajan en busca de aguas más frías durante el verano. Al igual que otros animales, muchos tiburones tienen rutas migratorias. Es decir, van a ciertos lugares en determinadas épocas del año. Algunas criaturas no pueden sobrevivir en el clima frío, y por eso viajan a lugares más cálidos. Muchos animales migran en busca de alimentos, otros, para reproducirse. Algunos tiburones viajan miles de kilómetros mientras que otros nadan solo unos cuantos kilómetros.

Un tiburón martillo nadó

745 millas
(1.200 km)

de la Florida a las costas de Nueva Jersey en 62 días.

Lee información detallada sobre los tiburones y la vida en el mar.

Es muy fácil descargar el libro digital. Vete al sitio web (a la izquierda), escribe el código y descarga el libro. Ábrelo después con Adobe Reader.

Consultora: Kim Dennis-Bryan, PhD
Consultora educativa: Barbara Russ
Editor: Slaney Begley
Diseñadores: Clare Joyce, Tory Gordon-Harris
Directora de arte: Bryn Walls
Editora general: Miranda Smith
Editores en español: María Domínguez,
J.P. Lombana
Editora de producción:
Stephanie Engel
Editora en EE.UU.: Esther Lin
Diseñador de la cubierta: Neal Cobourne
DTP: John Goldsmid
Editor de fotografía digital: Stephen Chin
Editora de contenido visual:
Diane Allford-Trotman
**Director ejecutivo de fotografía,
Scholastic:** Steve Diamond

Originally published in English as
Scholastic Discover More™: Sharks

Copyright © 2013 by Scholastic Inc.

Translation copyright © 2013 by Scholastic Inc.

ISBN 978-0-545-56561-5

10 9 8 7 6 5 4 3 2 1   13 14 15 16 17

Printed in Singapore   46
First Spanish edition, September 2013

Scholastic hace esfuerzos constantes por reducir el impacto
ecológico de nuestros procesos de manufactura.
Para ver nuestras normas para la obtención de papel,
visite www.scholastic.com/paperpolicy.

Contenido

Todo sobre los tiburones

8 ¿Qué es un tiburón?
10 Colección de tiburones
12 Parientes cercanos
14 Peces prehistóricos
16 En movimiento
18 Detectar la presa
20 Máquinas de comer
22 El frenesí por la comida
24 Crías de tiburón
26 Salón de la fama

Alrededor del mundo

30 En el mar

32 El gran tiburón blanco

34 Salto mortal

36 ¡La surfista sobrevive!

38 El tiburón tigre

40 El zorro marino

42 El mako

44 Etiquetas y rastreo

46 Viajeros incansables

48 Los más grandes

50 Tiburones costeros

52 Tiburón gris

53 Tiburón de arrecife
de punta blanca

54 ¡Ojos cerrados!

56 Tiburón martillo

58 En el fondo

60 Tiburones alfombra

62 Suño cornudo

64 En las profundidades

Vivir entre tiburones

68 Mitos y leyendas

70 En peligro

72 Qué puedes hacer...

74 Entrevista con un
biólogo marino

76 Glosario

78 Índice

80 Agradecimientos

Todo sobre los tiburones

Imagina un tiburón. ¿Te vienen a la mente dientes afilados? ¿Cuerpo alargado? ¿Aletas amenazadoras? ¡Acertaste! Hay más de 400 especies de tiburones y todas forman parte de un grupo que ha dominado los océanos por millones de años.

¿Qué es un tiburón?

Los tiburones son peces depredadores muy poderosos que han existido por millones de años prácticamente sin cambiar. Son alargados y elegantes, tienen sentidos muy agudos y les crecen dientes nuevos todo el tiempo.

Usualmente lo único que sobresale del tiburón es su aleta dorsal.

Anatomía del tiburón

Muchos tiburones, como este gran tiburón blanco, tienen la boca bajo el morro. El esqueleto del tiburón no está formado por huesos sólidos. Está hecho de un material ligero y elástico llamado cartílago.

Cuando ataca, protege sus ojos volteándolos hacia atrás.

El tiburón "respira" tomando el oxígeno del agua que entra por su boca. Luego expulsa el agua por las agallas que tiene a ambos lados de la cabeza.

Sus dos aletas pectorales le sirven para fijar la dirección en que nada y mantenerse en equilibrio.

Muchos tiburones tienen hígados grandes con mucha

En peligro

La intensa pesca ha puesto algunas especies de tiburón en peligro. Busca estos símbolos amarillos en el libro para ver cuáles son.

Restos de un tiburón martillo liso lanzados por pescadores desde un barco.

En el morro tiene órganos eléctricos que le permiten detectar las presas que no ve.

Formas raras

Los tiburones que viven en el fondo del mar son muy diferentes del resto. Tienen cuerpos planos y algunos tienen morros en forma de serrucho que usan para atacar a sus presas.

Parientes de los tiburones

Además de los tiburones, hay otros peces con esqueleto de cartílago, como las quimeras y las rayas. Más información en las páginas 12 y 13.

raya águila

quimera del Pacífico

grasa que les sirven como equipos de flotación.

Colección de tiburones

Hay más de 400 especies de tiburones, divididas en 8 órdenes o grupos. Como promedio, cada dos semanas se descubre una nueva especie o una especie relacionada.

tiburón sierra tropical

galludo

cerdo marino espinoso

Tiburones lija

ESPECIES: 119
EJEMPLO: *Galludo*
CURIOSIDAD: *El galludo es una de las especies más comunes de tiburón.*

Tiburones sierra

ESPECIES: 8
EJEMPLO: *Tiburón sierra tropical*
CURIOSIDAD: *El morro de un tiburón sierra puede tener un tercio de la longitud total del animal.*

tiburón ballena

Squatina albipunctata

Angelotes

ESPECIES: 19
EJEMPLO: *Squatina albipunctata*
CURIOSIDAD: *Los angelotes a veces esperan una semana para comer lo que les gusta.*

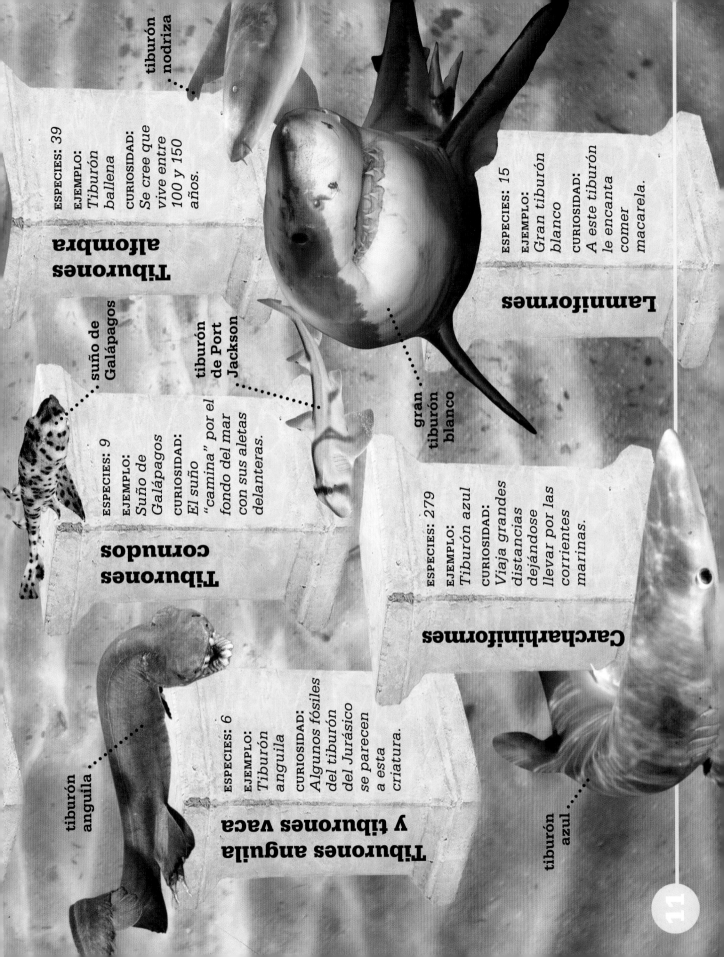

Tiburones alfombra

ESPECIES: 39

EJEMPLO: *Tiburón ballena*

CURIOSIDAD: *Se cree que vive entre 100 y 150 años.*

tiburón nodriza

Lamniformes

ESPECIES: 15

EJEMPLO: *Gran tiburón blanco*

CURIOSIDAD: *A este tiburón le encanta comer macarela.*

gran tiburón blanco

Tiburones cornudos

ESPECIES: 9

EJEMPLO: *Suño de Galápagos*

CURIOSIDAD: *El suño "camina" por el fondo del mar con sus aletas delanteras.*

suño de Galápagos

tiburón de Port Jackson

Carcharhiniformes

ESPECIES: 279

EJEMPLO: *Tiburón azul*

CURIOSIDAD: *Viaja grandes distancias dejándose llevar por las corrientes marinas.*

tiburón azul

Tiburones anguila y tiburones vaca

ESPECIES: 6

EJEMPLO: *Tiburón anguila*

CURIOSIDAD: *Algunos fósiles del tiburón del Jurásico se parecen a esta criatura.*

tiburón anguila

Parientes cercanos

Los tiburones tienen muchos parientes que nadan en los mares. Pero ser "de la familia" no ayuda mucho: algunos de esos peces están entre las presas preferidas de los tiburones.

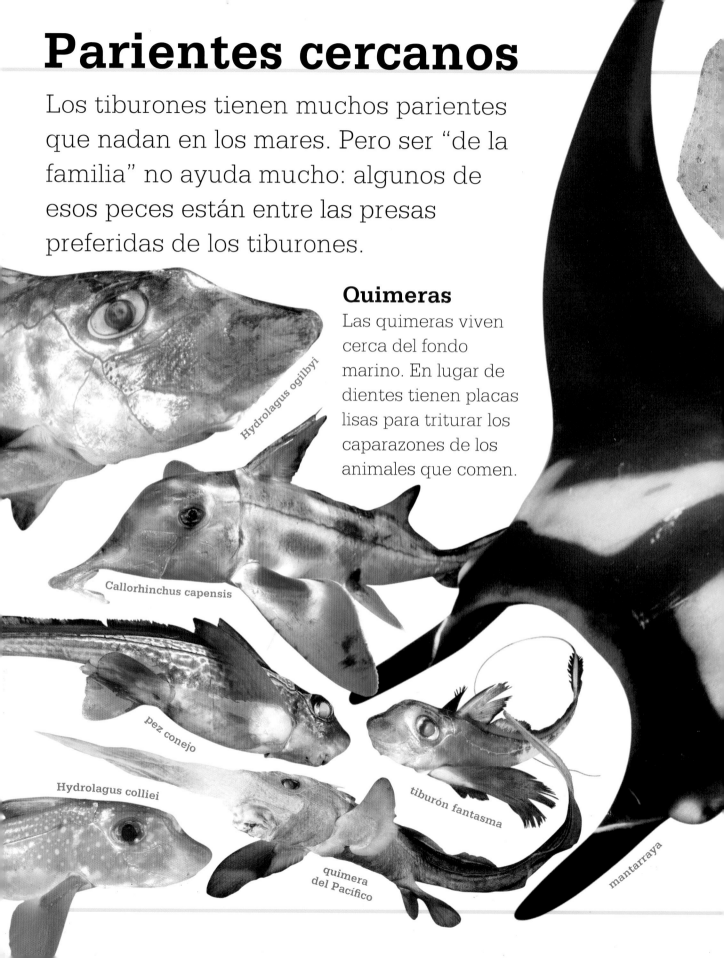

Quimeras

Las quimeras viven cerca del fondo marino. En lugar de dientes tienen placas lisas para triturar los caparazones de los animales que comen.

Hydrolagus ogilbyi

Callorhinchus capensis

pez conejo

Hydrolagus colliei

tiburón fantasma

quimera del Pacífico

mantarraya

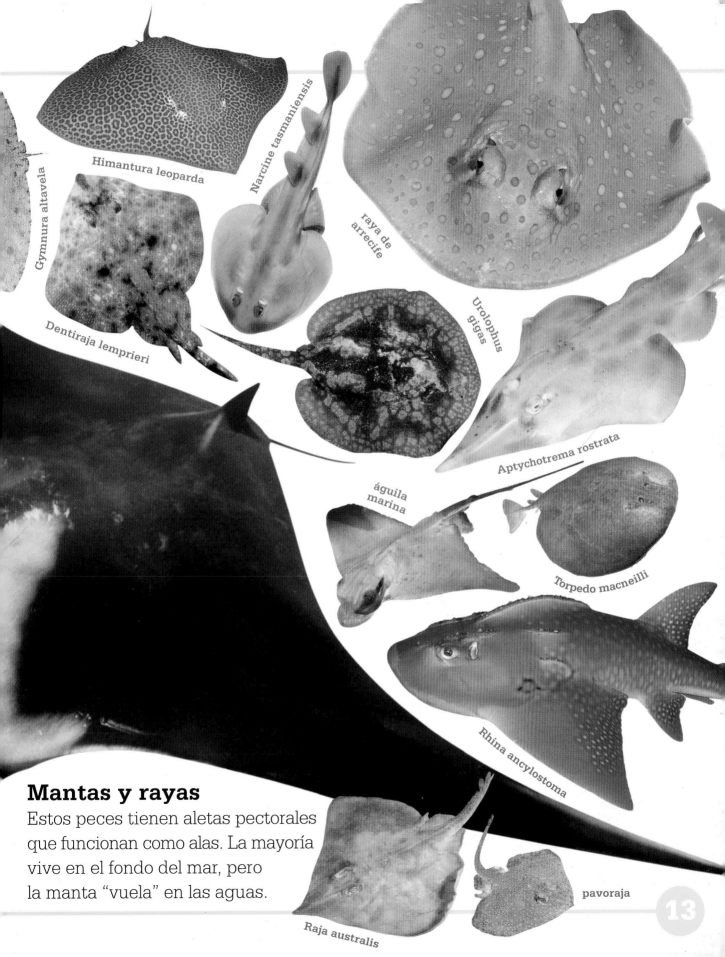

Himantura leoparda

Narcine tasmaniensis

raya de arrecife

Gymnura altavela

Dentiraja lemprieri

Urolophus gigas

Aptychotrema rostrata

águila marina

Torpedo macneilli

Rhina ancylostoma

Mantas y rayas

Estos peces tienen aletas pectorales
que funcionan como alas. La mayoría
vive en el fondo del mar, pero
la manta "vuela" en las aguas.

Raja australis

pavoraja

13

Peces prehistóricos

Los tiburones han existido desde hace 420 millones de años, mucho antes que las flores, los insectos o los dinosaurios, y más de 419 millones de años antes que las personas.

Stethacanthus

Maravillas prehistóricas

Durante millones de años, en los mares vivieron tiburones raros y terribles ya extintos hoy.

Este pequeño tiburón tenía una aleta con la parte superior plana como una tabla de planchar.

Las medusas han vivido en los océanos por más de 500 millones de años. Existían incluso antes que los tiburones.

El color de los dientes de tiburón fósiles depende de

Megalodonte

El Megalodonte
era un depredador
inmenso que podía
medir hasta 65 pies
(20 m) de largo.

El Cladoselache,
uno de los primeros
tiburones, vivió
hace 400 millones
de años.

Cladoselache

Megadiente
Los dientes del
Megalodonte medían
hasta 7 pulgadas
(18 cm) de largo.

Este tiburón se
conoce por los fósiles
de sus dientes, que
crecían en espiral.

Helicoprion

dónde fueron hallados.

En movimiento

Imagina que tuvieras que nadar todo el tiempo sin parar, pues si no te ahogas. Eso es lo que sucede con ciertos tiburones. Nadan incluso mientras duermen.

La cola

El tiburón limón avanza impulsado por su poderosa aleta caudal. Sus otras aletas mantienen la dirección.

tiburón limón

Hay que ser veloz

Los tiburones deben ser veloces para cazar a sus presas en el mar. Algunos nadan a 40 mph (65 kph), ¡lo suficiente para atrapar delfines y aves!

Asperezas

La piel del tiburón está cubierta de afiladas escamas que lo hacen más veloz y silencioso al nadar tras sus presas.

delicioso charrán

sabroso pingüino

delfín exquisito

Los tiburones no pueden   **parar de**

Respirar

Cuando el tiburón nada, el agua le entra en la boca y llega a las branquias, las cuales extraen el oxígeno para que pueda respirar. El agua sale por las agallas que tiene a los lados de la cabeza.

Aprende más sobre las colas de los tiburones en las págs. 40–41.

El tiburón mueve su aleta caudal de un lado a otro para cambiar la dirección en que avanza.

El tiburón limón tiene un cuerpo fino y alargado que se desliza fácilmente en el agua.

Atacar por debajo Sigilo + velocidad = ¡muerte segura!

1 Presa fácil
La foca descansa sin darse cuenta de que corre peligro.

2 Cazador
Un gran tiburón blanco la ataca desde abajo a 25 mph (40 kph).

3 En el aire
El tiburón salta en el agua con la foca entre los dientes.

nadar de repente, ni nadar hacia atrás.

Detectar la presa

Los tiburones tienen los mismos sentidos que los seres humanos. Pero además, tienen otro sentido: pueden detectar campos eléctricos alrededor de su presa.

Vista 82 pies (25 m)

Electricidad 3 pies (1 m)

Vibraciones 330 pies (100 m)

Oído 1 mi. (1,5 km)

Olfato 3 mi. (5 km)

El gran depredador

Los tiburones son expertos buscadores de comida. Algunos ven en la oscuridad mejor que un gato y tienen 10.000 veces más olfato que los humanos. ¡Nada se les escapa en el mar!

Olfato

El tiburón puede oler una gota de sangre en un área igual a una piscina olímpica.

Oído

Oye los ruidos a través del agua, pues tiene oídos dentro de la cabeza.

La séptima parte del cerebro del gran tiburón blanco

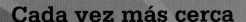

Cada vez más cerca

Los tiburones usan sus sentidos para buscar alimento. A 3 millas (5 km) de distancia pueden detectar su presa por el olfato y el oído, mientras que la vista y las vibraciones la localizan. Luego sus sensores eléctricos detectan hasta los menores movimientos de la presa.

 Aprende más

sobre los increíbles sentidos del tiburón martillo en las págs. 56–57.

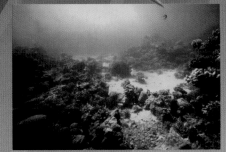

Vibraciones

Percibe las vibraciones que emiten sus presas al moverse en el agua.

Vista

Algunos ven en la oscuridad y cazan en medio de la noche.

Electricidad

Detectan presas ocultas en la arena por la electricidad que éstas emiten.

está dedicada a procesar los olores que detecta.

Máquinas de comer

Imagina ser mordido por los dientes de 3 pulgadas (7,5 cm) de un gran tiburón blanco. Los tiburones son máquinas de comer: devoran todo tipo de presas.

Tácticas de caza

Algunos tiburones acorralan a un grupo de peces y luego uno de ellos pasa por el medio devorándolos.

gran tiburón blanco

tiburón cobrizo

¡Qué fauces!

Los tiburones pueden mover la mandíbula superior e inferior por separado. Eso les da mayor precisión para morder las presas.

La fuerza de la mordida de un gran tiburón blanco es de 2 toneladas, 20 veces más potente que la de una persona.

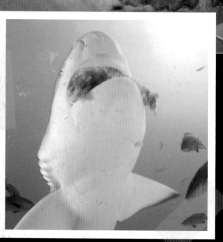

Dientes mortales

Sus dientes desgarran la carne. Los que comen moluscos tienen dientes planos para triturar los caparazones.

gran tiburón blanco

cerdo marino espinoso

Los dientes de tiburón están cubiertos de un esmalte duro, como los nuestros.

De un bocado

Los tiburones no mastican la comida. Desgarran la carne y se la tragan sin masticar.

El tiburón peregrino filtra 395 000 galones (1,5 millones de litros)

▶▶▶ Aprende más ▷

sobre los tiburones
filtros en las págs. 48–49.

*El tiburón sierra hiere a
sus presas con el morro.
El morro puede ser un
tercio del largo de
todo su cuerpo.*

Tiburón sierra

Vive en el fondo
marino y tiene un
morro en forma de
"sierra" donde se
alternan dientes
grandes y
pequeños que
crecen a cada
lado del morro.

Filtros vivientes

El tiburón ballena, el peregrino
(arriba) y el boquiancho, nadan
con la boca abierta para que el
agua entre. En la boca tienen
cerdas que filtran pequeños
animales que les sirven de
alimento.

de agua por hora.

El frenesí por la comida

Existe una razón por la cual los tiburones, como estos tiburones limón, usualmente comen solos. Si varios tiburones atacan a una misma presa, en medio del frenesí por devorarla pueden morderse unos a otros.

Crías de tiburón

Casi todas las crías de tiburón crecen dentro de sus madres, pero algunas nacen de huevos puestos en el fondo del mar.

Huevos increíbles

Algunos tiburones, como el pintarroja nebulosa, ponen huevos cubiertos de una extraña capa en el fondo del mar.

Una nueva vida

La cría de tiburón limón recibe alimento de su madre mientras crece en su interior por 10 - 12 meses. Estos tiburones pueden tener hasta 17 crías en cada parto.

Desde que nacen, las crías saben nadar y cazar.

Una vez se encontró una hembra de tiburón ballena

La capa protectora mide 2 pulg. (5,5 cm) de largo. Las crías nacen de 7 a 9 meses después.

Notas Mira un tiburón globo crecer.

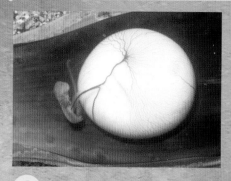

1 Primera comida
Dentro de su capa protectora, el embrión se alimenta de la yema.

2 Salida rápida
Cuando está listo, el tiburón sale del huevo y empieza a nadar.

Desde que nacen
Algunos tiburones, como el galludo, salen del huevo dentro del cuerpo de la madre y se comen a sus hermanos más débiles. Después nacen.

El embrión del galludo tiene dientes.

saco vitelino con comida ....

preñada con 300 embriones. ¡Un verdadero récord!

Salón de la fama

Los hay grandes, pequeños, veloces y mortales. Conoce a algunos de los campeones del mundo de los tiburones.

LA COLA MÁS LARGA

La aleta caudal del zorro marino puede llegar a medir 10 pies (3 m) de largo: ¡casi tanto como su cuerpo!

EL MÁS PEQUEÑO

El tiburón pigmeo mide menos de 9 pulg. (22 cm) de largo.

EL MÁS GRANDE

El tiburón ballena es el pez más grande que existe hoy. Puede alcanzar 59 pies (18 m) de largo y 22 toneladas de peso: ¡más que tres elefantes africanos juntos!

EL MÁS LETAL

Los más peligrosos para las personas son tres: el gran tiburón blanco, el tiburón tigre y el sarda (abajo).

EL PEOR EDUCADO

El tollo cigarro arranca la carne de sus presas en trozos en forma de galletitas.

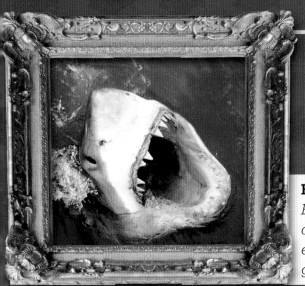

EL GRAN DEPREDADOR

El gran tiburón blanco, de 20 pies (6 m) de largo, es el pez depredador más grande del mundo.

EL MÁS FEO

Con su morro de pico y su extraño color, ¡el duende rosado no ganaría ningún concurso de belleza!

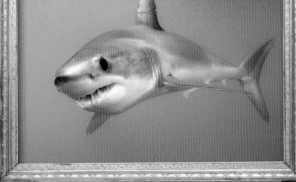

EL MÁS VELOZ

El mako, que alcanza hasta 40 mph (65 kph) en tramos cortos, es el tiburón más rápido.

EL MÁS VENENOSO

A menos que se lave muy bien, la carne del tiburón de Groenlandia es venenosa para las personas.

Alrededor del **mundo**

En todos los rincones del océano, desde las costas hasta en alta mar, hay tiburones acechando a sus presas. Algunos se quedan en un área determinada pero otros cruzan océanos para alimentarse y tener sus crías.

En el mar

Los tiburones más grandes recorren los mares en busca de comida. Algunos "filtran" la comida. Otros usan su fuerza y velocidad para cazar peces, focas y aves.

tiburón loco

jaquetón lobo

tiburón peregrino

tiburón cocodrilo

tiburón sedoso

tiburón zorro pelágico

tiburón mako

tiburón tigre

tiburón ballena

tollo cigarro

tiburón azul

gran tiburón blanco

tiburón duende rosado

tiburón cailón

El gran tiburón blanco

El pez depredador más grande del mundo está en peligro. Sus fuertes músculos y mandíbulas no lo salvan de los anzuelos y las redes de los pescadores. Cada año mueren muchos tiburones de esta especie.

No solo blanco

El gran tiburón blanco tiene la parte superior gris y la inferior blanca.

Su color lo ayuda a que la presa no lo vea cuando nada sobre ella.

GRAN TIBURÓN BLANCO

Carcharodon carcharias

ORDEN
Lamniformes

LONGITUD
20 pies (6 m)

HÁBITAT

Áreas donde se encuentra

PELIGROSIDAD

Tienes más probabilidades de morir por la picada de una

El malo de la película

En *Jaws,* la película de Steven Spielberg, un gran tiburón blanco devora varias personas. Como resultado, muchas personas cazan este tiburón.

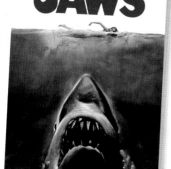

Muchas personas comenzaron a temerles a los tiburones después de ver Jaws.

Un gran desconocido

Aunque es uno de los animales más famosos, se desconocen muchas cosas sobre el gran tiburón blanco. A continuación aparecen algunas de sus características.

Curioso

El gran tiburón blanco muchas veces saca la cabeza del agua para ver qué sucede.

Inteligente

Aprende durante su vida. Los jóvenes no son tan buenos cazadores como los adultos.

Cauteloso

Evitan pelear. Golpean el agua con la cola, ¡y gana el que produzca la mayor salpicadura!

Sociable

Los grandes tiburones blancos a veces socializan en pares o en pequeños grupos.

abeja que por la mordida de un gran tiburón blanco.

Salto mortal

Cerca de las costas de Sudáfrica, un gran tiburón blanco de 3.000 libras (1.400 kg) sale del agua con la fuerza de un automóvil. Su presa —una foca joven— es lanzada a 10 pies (3 m) de altura sobre las olas por el golpe fallido del tiburón, y poco después terminará entre sus dientes.

¡LA SURFISTA SOBREVIVE

Una chica sobrevive el ataque de un tiburón

Kauai

HAWÁI

¡Cuidado!

En octubre de 2003, Bethany Hamilton, una chica de 13 años, y sus amigos, los Blanchard, estaban haciendo surfing en la costa de Kauai, una isla de Hawái. Era un día soleado y las tortugas nadaban plácidamente. Bethany acababa de llegar a la orilla sobre una ola y se dirigía de nuevo mar adentro en busca de otra, cuando un tiburón tigre la atacó arrancándole el brazo izquierdo a la altura del hombro. Sus amigos la llevaron a la orilla. Cuando llegaron al hospital, Bethany había perdido casi la mitad de su sangre.

Necesitó varias operaciones, pero se recuperó totalmente. A pesar de sus lesiones, un mes después comenzó a hacer surfing de nuevo. Aprendió a

La mayoría de los ataques en las playas de Hawái son causados por tiburones tigre (ver págs. 38–39).

¿Tortuga o no?

El tiburón tigre y el blanco quizás atacan a las personas por equivocación. Desde abajo, es posible que las confundan con tortugas.

Tortuga

Surfista

nadar con un solo brazo. Cuatro años más tarde, Bethany se hizo profesional. Hoy está entre las 50 mejores surfistas femeninas del mundo.

Bethany recibió un Premio Especial al Valor en los premios Teen Choice Awards de 2004.

TIPOS DE ATAQUE

Los tiburones atacan raramente, pero cuando lo hacen, usan distintas técnicas.

1 Una mordida

El tiburón muerde una vez y se va, pues usualmente no come carne humana, ya que tiene muchos huesos.

2 Golpe y mordida

El tiburón da vueltas antes de empujar y luego morder a su presa. Este tipo de ataque es muy peligroso.

3 Por sorpresa

El tiburón muerde una vez y puede atacar de nuevo poco después.

El tiburón tigre

Este depredador, famoso por su increíble apetito, come cualquier cosa, incluso personas. El tigre es uno de los tres tipos de tiburón más propensos a atacar a los seres humanos.

Comidas raras
Todos estos artículos, incluso armaduras, han sido hallados en el estómago de tiburones tigre.

TIBURÓN TIGRE
Galeocerdo cuvier

ORDEN
Carcharhiniformes

LONGITUD
16 pies (5 m)

HÁBITAT

Áreas donde se encuentra

PELIGROSIDAD

Debido a sus hábitos alimenticios, al tiburón tigre lo

Rayas de tigre

Las rayas del tiburón tigre son más visibles en los ejemplares jóvenes. Al envejecer, las rayas se desvanecen.

Dieta diaria

Las medusas, las tortugas y los delfines son algunos de los animales que el tiburón tigre come usualmente.

Los dientes del tiburón tigre tienen bordes serrados.

llaman el "basurero del mar".

El zorro marino

TIBURÓN ZORRO PELÁGICO
Alopias pelagicus

ORDEN
Lamniformes

LONGITUD
10 pies (3 m)

HÁBITAT

□ *Área donde se encuentra*

PELIGROSIDAD

El zorro marino es uno de los atletas del mundo de los tiburones. Usa su larga aleta caudal para saltar sobre el agua.

Cola campeona

El zorro marino tiene la aleta caudal más larga entre todos los tiburones. La usa para acorralar a los bancos de peces que devora.

Sus largas aletas pectorales le sirven para equilibrarse.

Colas de tiburón Las diferentes aletas caudales

La aleta caudal brinda mucha información sobre cada tiburón. Su forma puede determinar cuán veloz o ágil es el tiburón.

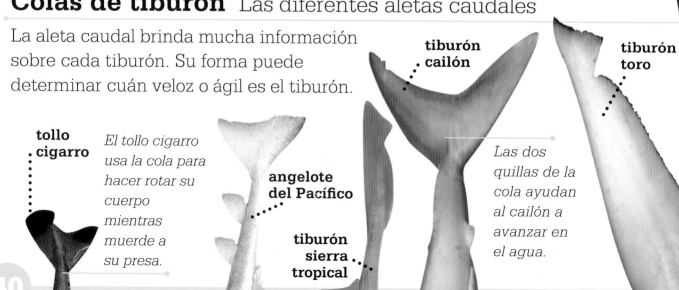

tollo cigarro

El tollo cigarro usa la cola para hacer rotar su cuerpo mientras muerde a su presa.

angelote del Pacífico

tiburón sierra tropical

tiburón cailón

tiburón toro

Las dos quillas de la cola ayudan al cailón a avanzar en el agua.

En peligro

Debido a su excesiva pesca, el zorro marino es una especie vulnerable.

Aprende más sobre cómo se mueven los tiburones en las págs. 16–17.

Al igual que otros tiburones, al zorro de anteojos lo pescan por sus aletas.

Su larga cola crea ondas de choque que dejan paralizados a otros peces aun sin tocarlos.

La cola es a veces del mismo largo que el resto del cuerpo.

El tiburón tigre se impulsa con su larga cola para alcanzar mayor velocidad.

La larga cola del tiburón cebra es ideal para nadar en las aguas bajas.

tiburón zorro pelágico

tiburón tigre

tiburón cebra

gran tiburón blanco

41

El mako

El tiburón mako es un ágil depredador, famoso por su agresividad y su increíble velocidad.

Los dientes lo dicen

Los dientes del mako son estrechos y curvos, ideales para atrapar a los resbalosos peces que come, como el arenque y el bonito.

TIBURÓN MAKO
Isurus oxyrinchus
ORDEN   Lamniformes
LONGITUD   10 pies (3 m)
HÁBITAT
▪ Áreas donde se encuentra
PELIGROSIDAD

Los makos atacan desde abajo, subiendo a gran velocidad para sorprender a su presa.

Superpredadores

Los makos son superpredadores del océano. Los adultos no tienen enemigos excepto los humanos.

Los makos son saltadores increíbles: pueden elevarse a

sobre cómo comen los tiburones en las págs. 20–21.

Qué come el mako

El mako atrapa la mayoría de sus presas cerca de la superficie, aunque puede bajar hasta 1.640 pies (500 m) de profundidad.

Los makos tienen buena vista, que usan para buscar sus presas en alta mar. Como los demás tiburones, es probable que sean daltónicos.

Para repeler a sus depredadores, las macarelas se agrupan para parecer un solo pez grande.

Pez espada
Se han hallado makos heridos por peces espada.

Bonito
Los makos les muerden la cola a los bonitos.

Macarela
A los makos les encanta comer macarela.

20 pies (6 m) sobre la superficie del mar.

Etiquetas y rastreo

1 La investigación

Los tiburones están desapareciendo. Para ayudarlos, los científicos necesitan saber más sobre sus hábitos. Una manera de hacerlo es siguiendo su rastro.

2 La comida los atrae

Los científicos atrapan crías de tiburón con redes, mientras que a los adultos los atrapan con anzuelos y carnadas.

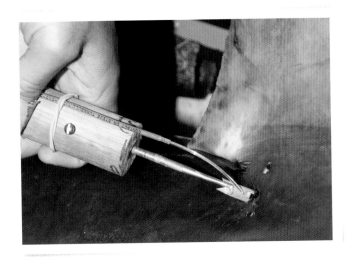

5 Poner la etiqueta

Una etiqueta acústica, que emite un sonido codificado, se fija con una aguja a la base de la aleta dorsal del tiburón.

6 ¡Libre!

Menos de cinco minutos después, el tiburón está listo para regresar al mar. Lo bajan al agua en el cabestrillo, y se aleja nadando.

La aplicación de rastreo satelital te permite observar la

3 Fuera del agua

Después de ser atrapado, el tiburón es colocado en un cabestrillo y subido a bordo. Se debe actuar rápido para que el tiburón no se asfixie.

4 Datos vitales

Rápidamente, los expertos determinan el tamaño, la edad y el sexo del tiburón y toman una muestra de su ADN. Después, solo falta ponerle la etiqueta.

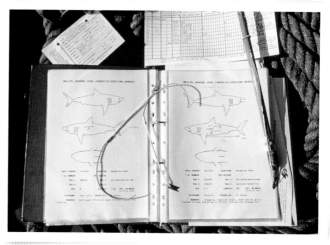

7 El rastreo

Los hidrófonos (micrófonos submarinos) reciben las señales de las etiquetas de los tiburones, que indican su ubicación, y las envían a los satélites.

8 En los libros

Cada vez que se ve un tiburón, se anota su ubicación. Esos datos y los que envían las etiquetas ayudan a estudiar los hábitos de los tiburones.

actividad de un tiburón en tu teléfono inteligente.

Viajeros incansables

Algunos tiburones cruzan océanos completos. Migran hacia otra área en busca de comida, aguas más cálidas o refugio donde tener a sus crías.

Los azules

Algunos tiburones azules nadan 9.300 millas (15.000 km) cada año entre América del Norte y Europa para tener sus crías.

En el este del Pacífico, los grandes tiburones blancos migran a áreas de alimentación que algunos llaman la "Cafetería del Gran Tiburón Blanco".

AMÉRICA DEL NORTE

Bermudas

OCÉANO ATLÁNTICO

OCÉANO PACÍFICO

AMÉRICA DEL SUR

Viajes épicos

Muchos animales de mar y tierra migran grandes distancias.

MIGRACIÓN MÁS LARGA DE UN INSECTO: **mariposa monarca** 2.880 millas (4.635 km)

MIGRACIÓN MÁS LARGA DE UN MAMÍFERO: **yubarta** 5.100 millas (8.200 km)

MIGRACIÓN MÁS LARGA DE UN AVE: **charrán ártico** 50.000 millas (80.500 km)

MIGRACIÓN MÁS LARGA DE UN ANIMAL TERRESTRE: **caribú** 2.980 millas (4.800 km)

Tiburón tigre

Algunos tiburones tigres migran cuando llega el invierno. En verano viven cerca de las Bermudas. En otoño nadan más de 1.000 millas (1.600 km) al sur en busca de aguas cálidas.

En 2009 se vio una manada de más de 400 tiburones ballena

Tiburón sarda

Los tiburones viven usualmente en el mar, pero los sardas son distintos. Las hembras van a las desembocaduras de los ríos a tener sus crías. Y los sardas se adentran en los ríos a comer peces y tortugas, y a veces atacan a las personas.

Cocodrilo de agua salada devorando un tiburón sarda en la ribera de un río de Australia.

EUROPA

ASIA

ÁFRICA

OCÉANO ÍNDICO

AUSTRALIA

Gran tiburón blanco

Se ha monitoreado a adultos de tiburón blanco que han viajado más de 6.500 millas (10.500 km) de Sudáfrica a Australia persiguiendo bancos de peces.

"NICOLE", EL GRAN TIBURÓN BLANCO, RECORRIÓ MÁS DE

13.670 MI. (22.000 KM)

DE **ÁFRICA A AUSTRALIA** Y DE REGRESO EN 2004: EL VIAJE MÁS LARGO CONOCIDO DE UN TIBURÓN.

buscando comida cerca de la península de Yucatán, México.

Los más grandes

TIBURÓN BALLENA
Rhincodon typus

ORDEN
Orectolobiformes

LONGITUD
hasta 59 pies (18 m)

HÁBITAT

■ *Áreas donde se encuentra*

PELIGROSIDAD

El tiburón más grande del mundo no ataca a las personas. Se alimenta de crías de peces y otros pequeños animales marinos.

Tiene ojos muy pequeños a los lados de la cabeza.

Filtro de comida
El tiburón ballena traga agua que filtra con las cerdas que tiene en la boca. Luego devora los animales que quedan atrapados en ellas.

El lomo del tiburón ballena tiene marcas como las de un tablero de ajedrez.

tiburón peregrino

Otros filtros vivientes

Después del tiburón ballena, el más grande es el peregrino, que vive en las regiones frías. Nada con la boca bien abierta.

La boca del tiburón ballena puede medir hasta 5 pies (1,5 m) de ancho.

Gigantes

Un tiburón ballena adulto es del largo de un autobús escolar y pesa más de 22 toneladas: ¡más que un autobús escolar lleno de pasajeros!

El tiburón ballena es el pez más grande del mundo.

Tiburones costeros

Muchos tiburones viven cerca de la costa, donde hallan abundante comida. Usualmente ignoran a las personas, ¡pero ten cuidado con el peligroso tiburón sarda!

cornuda cuchara

tiburón cobrizo

tiburón sierra tropical

tiburón limón

cazón de playa

tiburón gris

tiburón toro

tiburón cebra

tiburón de puntas negras

Parascyllium variolatum

tiburón martillo común

tiburón
sarda

tiburón de arrecife
de punta blanca

cazón picudo del Pacífico

tiburón
martillo liso

tiburón vaca
de hocico corto

Sphyrna
tiburo

tiburón sierra trompudo

cornuda planeadora

51

Tiburón gris

TIBURÓN GRIS

Carcharhinus amblyrhynchos

ORDEN
Carcharhiniformes

LONGITUD
8 pies (2,5 m)

HÁBITAT

Áreas donde se encuentra

PELIGROSIDAD

Sin escape
Este tiburón acorrala a sus presas contra los corales, de modo que no tengan escape.

El tiburón gris, que es el rey de su mundo de coral, recorre las aguas buscando a sus presas.

El tiburón gris es curioso, y por eso a veces se acerca a los buzos. Pero si pone el cuerpo en forma de S, es que se siente amenazado y podría atacar... ¡huye!

El tiburón de arrecife de punta blanca se oculta para sorprender a sus presas.

tiburón gris

Tiburón de arrecife

Cuando cae la noche, el tiburón de arrecife de punta blanca sale de su caverna a cazar.

Un descanso

El tiburón de arrecife de punta blanca puede bombear el agua por las agallas, por eso no tiene que nadar para respirar.

Un banquete

A estos tiburones les encanta merendar con cualquiera de los 4.000 tipos de deliciosos pulpos, crustáceos y peces que viven en los arrecifes coralinos.

tiburón de arrecife
de punta blanca

TIBURÓN DE ARRECIFE DE PUNTA BLANCA

Triaenodon obesus

ORDEN
Carcharhiniformes

LONGITUD
6,5 pies (2 m)

HÁBITAT

Área donde se encuentra

PELIGROSIDAD

¡Ojos cerrados!

La mordida del tiburón es peligrosa... ¡incluso para él! Por eso cuando el tiburón azul va a atacar, su tercer párpado automáticamente se cierra para que el ojo no se lastime.

tercer
párpado

Los tiburones no tienen que pestañear como los seres

humanos, pues el agua del mar mantiene sus ojos limpios.

Tiburón martillo

Los tiburones martillo se identifican por su extraña cabeza. Con sus ojos ubicados en los extremos de la cabeza pueden buscar presas en todas las direcciones.

Punto ciego

Como todos los martillos, el *Sphyrna tiburo* tiene un punto ciego frente a la nariz.

El tiburón martillo puede mirar arriba y abajo al mismo tiempo.

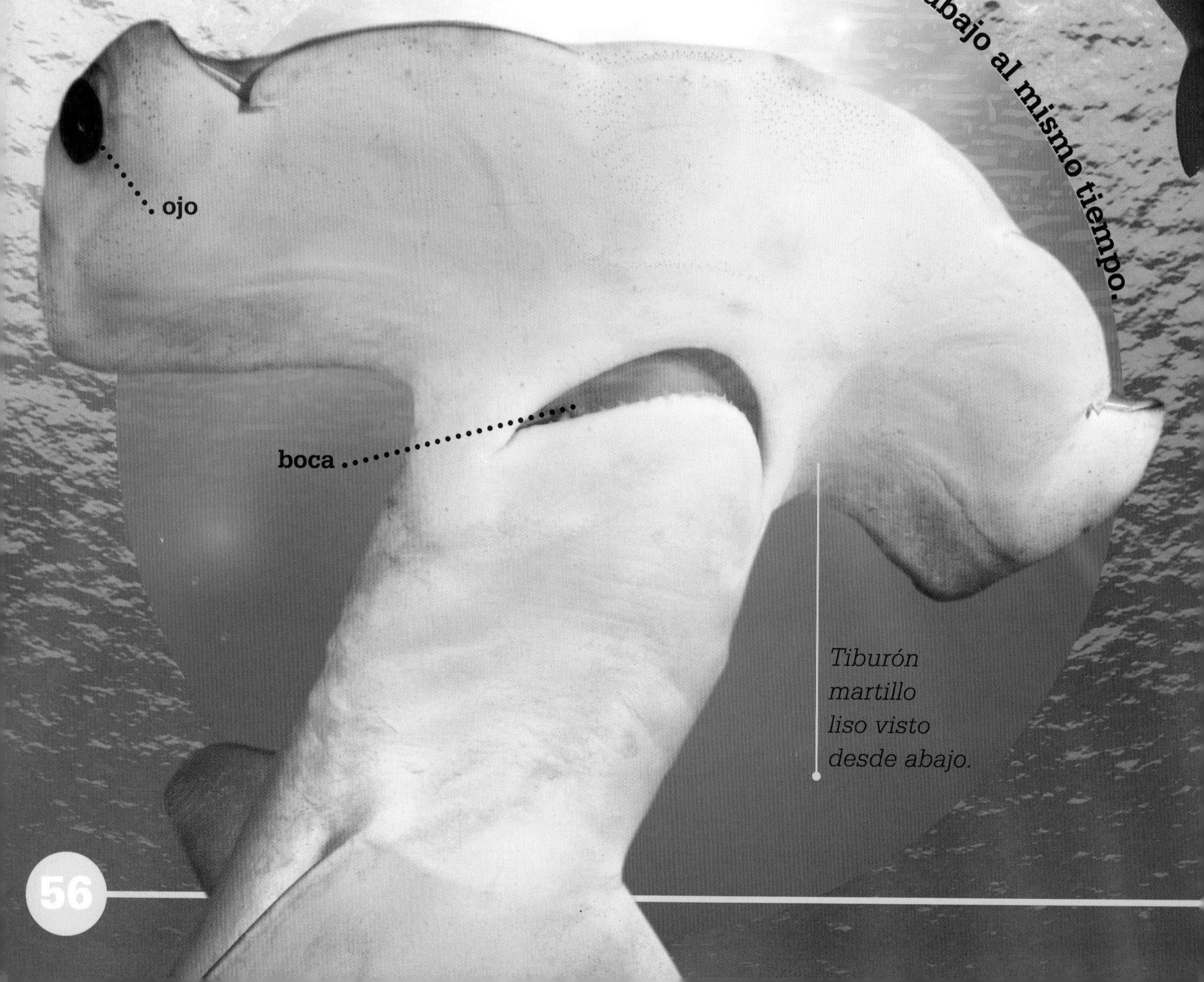

ojo

boca

Tiburón martillo liso visto desde abajo.

Los martillos a veces andan en grupos de cien tiburones. En la noche salen solos a cazar.

Martillos El "martillo" puede tener muchas formas.

Con volantes

El tiburón martillo común tiene lóbulos curvos. Come rayas, a pesar de que tienen púas venenosas.

Frente arqueada

La cornuda cuchara, que vive en aguas bajas, tiene el borde de la cabeza curvo. A veces devora tiburones pequeños.

Un tiburón martillo liso busca rayas en el fondo marino.

Martillos radares

La cabeza del tiburón martillo tiene sensores eléctricos con los que busca posibles presas ocultas en el fondo del mar.

TIBURÓN MARTILLO LISO

Sphyrna zygaena

ORDEN
Carcharhiniformes

LONGITUD
13 pies (4 m)

HÁBITAT

Áreas en que se encuentra

PELIGROSIDAD

En el fondo

Los tiburones que viven en el fondo del mar tienen formas y colores ideales para ocultarse en el lecho marino.

Scyliorhinus retifer

tiburón de Port Jackson

tiburón alfombra manchado

angelote del Atlántico

tiburón leopardo

Chiloscyllium punctatum

pintarroja colilarga moteada de Indonesia

suño de Galápagos

cerdo marino
espinoso

tiburón nodriza leonado

tiburón ciego

cerdo
marino

musola gris

cazón

tiburón alfombra
zapatero

angelote

pintarroja colilarga ocelada

pintarroja colilarga
de manchas blancas

tiburón alfombra jaspeado

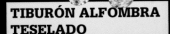

TIBURÓN ALFOMBRA TESELADO

Eucrossorhinus dasypogon

ORDEN
Orectolobiformes

LONGITUD
4 pies (1,25 m)

HÁBITAT

■ *Área donde se encuentra*

PELIGROSIDAD

Los tiburones alfombra tienen formas y colores que usan como camuflaje para ocultarse en el fondo del mar. Esperan inmóviles por horas hasta que alguna presa pasa cerca de sus fauces letales.

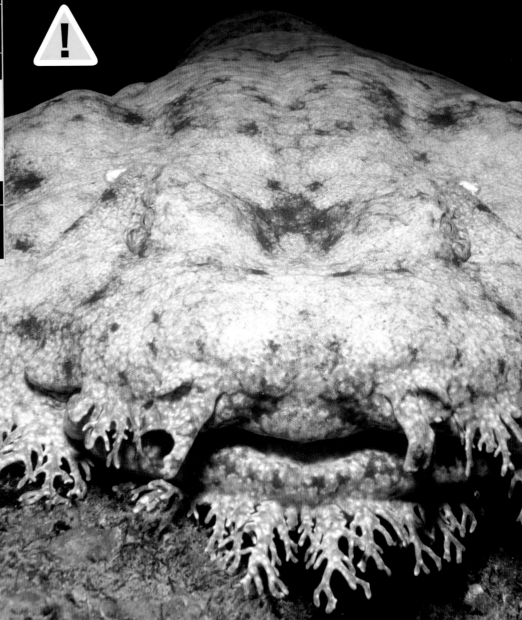

tiburón alfombra

Los tiburones alfombra (orectolóbidos) reciben ese

Los tiburones alfombra comen peces, pulpos y cangrejos. Sus mandíbulas se desarticulan para tragar presas grandes.

Al acecho

Hay 12 especies de tiburones alfombra, y cazan esperando a que las presas se acerquen a ellos. Atacan a las personas si los pisan por error.

Con la boca bien abierta.

¿Me ves bien?

Los tiburones alfombra pueden cambiar de color por varios días para confundirse con su entorno. ¿Puedes ver los tiburones en estas cuatro fotos?

ojo

nombre debido a la forma aplanada de su cuerpo.

Suño cornudo

El suño cornudo se alimenta de animales con caparazones duros. Tiene dientes planos para triturar y una mordida muy fuerte en relación con su tamaño.

SUÑO CORNUDO	
Heterodontus francisci	
ORDEN	Heterodontiformes
LONGITUD	3 pies (1 m)

HÁBITAT

■ *Área donde se encuentra*

PELIGROSIDAD

Defensa

El suño cornudo recibe ese nombre por la púa que tiene en sus aletas dorsales. Gracias a ella muchos animales no se atreven a atacarlo.

La púa se clava en el interior de la boca del depredador.

Inicio de la vida Los huevos de suño cornudo.

1 La espiral

El suño cornudo pone sus huevos, cubiertos por una espiral, en grietas del fondo del mar.

2 Nacimiento

Unos diez meses después, su cría rompe la espiral que la protege y sale nadando.

3 La cría

Tras el nacimiento de la cría, a veces la espiral vacía es llevada por las olas hasta la costa.

El suño cornudo "camina" por el fondo del mar

El suño cornudo atrapa su presa con sus afilados dientes frontales, y la tritura con sus dientes planos traseros.

Usa los grandes orificios nasales que tiene junto a la boca para olfatear sus presas.

Como una aspiradora

El suño cornudo tiene una gran garganta con la que "chupa" los moluscos y crustáceos del fondo del mar como una aspiradora. Los tiburones nodriza también se alimentan de esta manera.

impulgándoso con gug aletag delanteras

En las profundidades

En 1976 los científicos descubrieron el primer tiburón boquiancho. Desde entonces, con la ayuda de submarinos y cámaras, han hallado algunos de estos tiburones.

Un beso mortal

El tollo cigarro acecha a profundidades de hasta 11.500 pies (3.500 m) por el día, pero de noche se acerca a la superficie. Se pega a la presa con los labios, y luego gira, arrancándole un pedazo de carne con los dientes.

A diferencia de otros tiburones, el tollo cigarro muda todos los dientes inferiores a la misma vez.

En la oscuridad Adaptación a la profundidad

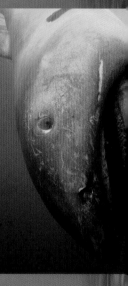

Explorar "a fondo"

Solo los submarinos robot pueden llegar a las increíbles profundidades donde viven ciertos tiburones. Estos son algunos ejemplos:

récord de buceo
1.080 pies (330 m)

tiburón boquiancho
1.950 pies (595 m)

cachalote
3.280 pies
— (1.000 m)

duende rosado
4.265 pies
(1.300 m)

tiburón anguila
4.200 pies
(1.280 m)

Apristurus kampae
6.200 pies (1.890 m)

dormilón del Pacífico
6.560 pies (2.000 m)

tiburón de Groenlandia
7.220 pies
(2.200 m)

cañabota gris
8.200 pies
(2.500 m)

9.800 pies (3.000 m)

tollo cigarro
11.500 pies (3.500 m)

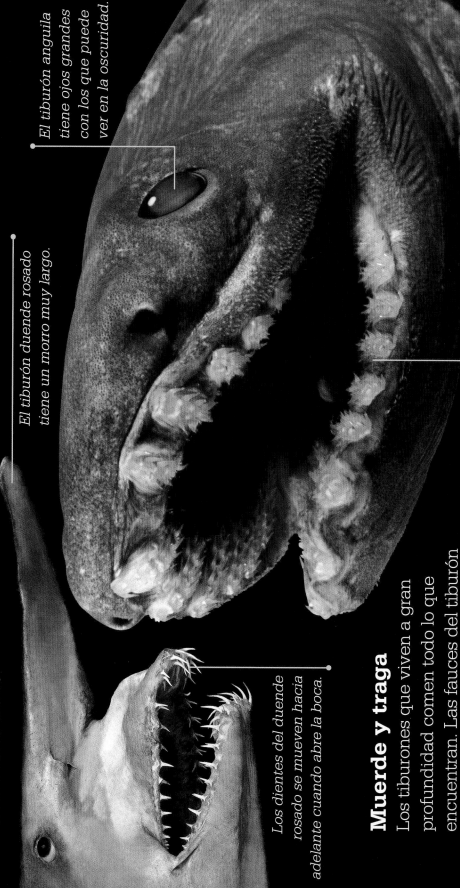

pailona
12.100 pies (3.675 m)
13.000 pies (4.000 m)
*Por debajo de este punto hay muy
poco alimento para los tiburones.*

El tiburón anguila
tiene ojos grandes
con los que puede
ver en la oscuridad.

Un gigante luminoso

El tiburón boquiancho atrae
las medusas y el plancton con
sus labios que reflejan la luz.

El tiburón duende rosado
tiene un morro muy largo.

Los dientes del
tiburón anguila son
como ganchos.

Duende cazador

En la oscuridad, los tiburones
duende detectan sus presas con
unos órganos especiales que
tienen en el morro.

Muerde y traga

Los tiburones que viven a gran
profundidad comen todo lo que
encuentran. Las fauces del tiburón
duende salen hacia adelante para
atrapar a sus presas. Los tiburones
anguila tienen bocas inmensas.

Los dientes del duende
rosado se mueven hacia
adelante cuando abre la boca.

vivir entre tiburones

Muchas personas les temen a los tiburones, aunque estos casi nunca ataquen a los humanos. Los tiburones están en peligro: cada día se pescan más de 100.000. Algunas especies podrían extinguirse muy pronto.

Mitos y leyendas

Los marineros siempre temieron y respetaron a los tiburones. Durante siglos se han creado muchas leyendas y mitos sobre estos impredecibles depredadores.

Samebito

Leyenda de Samebito

En el mito japonés, Samebito es mitad hombre mitad tiburón. Sus lágrimas se convierten en 10.000 piedras preciosas.

En inglés, tiburón se dice *shark*, una palabra que se

El signo de las estrellas

Los indios warao de América del Sur
creen que las estrellas de la constelación
de Orión forman la pierna de un hombre.
Ese hombre trató de entrenar a un tiburón
para que matara a su suegra, pero la hija
de la mujer le cortó la pierna al hombre.

Nebulosa de Orión

Tiburones famosos Las personas aún les temen a los tiburones.

Tiburones aéreos

En la Segunda Guerra
Mundial se pintaban
los aviones de guerra
como tiburones.

Estrellas de cine

Recientemente se han
hecho populares películas
sobre tiburones, como
Shark Tale (2004).

La aleta terrible

Una aleta dorsal en la
superficie del agua es un
símbolo de peligro en la
cultura actual.

*Modelo de tamaño
natural de un tiburón
ballena en las calles
de México.*

Festivales

En algunos lugares se
celebran festivales del
tiburón. El inmenso
tiburón ballena (págs.
48–49) casi siempre es
una de las estrellas.

cree que proviene de la palabra maya *xoc*.

En peligro

Cada año se matan unos 40 millones de tiburones. La mayoría se pesca para comer o por diversión.

Aletas

Para los pescadores, la parte más valiosa del tiburón son las aletas. Las cortan, las secan y las venden para hacer sopa de aleta de tiburón. Usualmente desechan el cuerpo del tiburón.

Ya el gran tiburón blanco es tan raro como el tigre. Solo

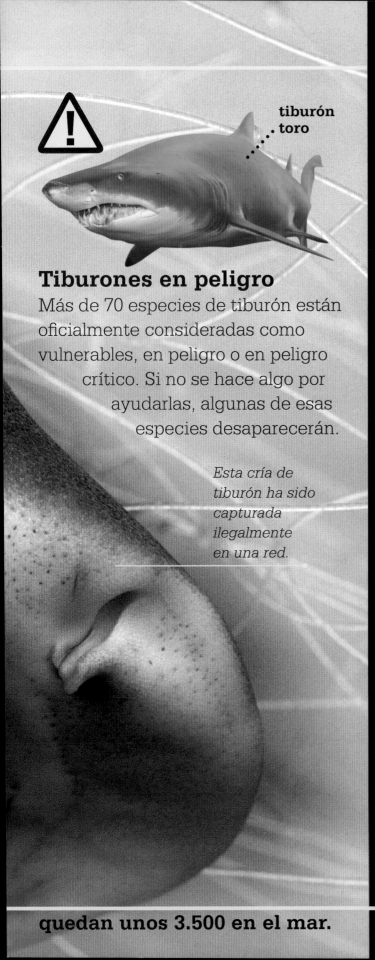

tiburón toro

Tiburones en peligro

Más de 70 especies de tiburón están oficialmente consideradas como vulnerables, en peligro o en peligro crítico. Si no se hace algo por ayudarlas, algunas de esas especies desaparecerán.

Esta cría de tiburón ha sido capturada ilegalmente en una red.

quedan unos 3.500 en el mar.

Se pierde el equilibrio

El tiburón es parte de la cadena alimentaria. Si desaparece, otros animales serán afectados.

Tiburón

Se pescan muchos tiburones de arrecife que comen peces como las chernas.

Cherna

Si hay menos tiburones de arrecife, habrá más chernas.

Langostas

Si hay más chernas, estas comerán más langostas de arrecife.

Babosas

Si hay menos langostas, habrá más babosas *Chelidonura varians*.

Pólipos

Las babosas se comen los pólipos. Mientras más babosas haya, menos corales habrá.

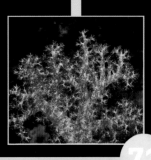

Qué puedes hacer...

1 ¡Participa!

Únete a una organización de defensa de los tiburones, como Shark Alliance o Shark Savers, que ayude a proteger los tiburones en todo el mundo.

2 Defiende al tiburón

Explica a tus compañeros de clase por qué los tiburones son importantes y por qué debemos cuidarlos. ¡Alza tu voz en defensa de los tiburones!

5 Cuidado con el plástico

Trata de usar menos envolturas o bolsas plásticas. Las bolsas plásticas pueden causar la muerte de los tiburones si van a parar al mar.

6 Visita un acuario

Los grandes acuarios son el lugar donde puedes ver de cerca a los tiburones y sus parientes, las rayas y las mantas. ¡Ve a saludarlos!

Con tu ayuda, los tiburones podrán seguir viviendo en

3 Piensa antes de comer

No tomes sopa de aleta de tiburón. Ni comas nada que contenga "salmón de roca", que en realidad es carne de tiburón.

4 Piensa antes de comprar

No compres joyas con dientes de tiburón ni mandíbulas de tiburón secas. No uses cremas o cosméticos que tengan aceite de hígado de tiburón (o "escualeno").

7 Infórmate

Busca más información sobre tiburones en otros libros y la tele. Aprende a buscar sitios de Internet apropiados sobre los tiburones.

8 Haz tu propio archivo

Haz un archivo y anota los nombres de los tiburones que conozcas, incluso los que veas en las noticias. Muy pronto tendrás una excelente base de datos.

el mar, como lo han hecho por millones de años.

Entrevista con un biólogo

Nombre: Mark Spalding
Profesión: Trabaja en la Nature Conservancy como experto en arrecifes coralinos y manglares

P **¿Cuándo comenzó tu interés por el mar?**

R Quizás cuando jugaba en pozas de marea siendo niño. Cuando tenía 11 años vi mi primer arrecife coralino y quedé fascinado.

P **¿Cómo te hiciste biólogo marino?**

R Estudié zoología y biogeografía en la Universidad de Cambridge [Reino Unido]. Aprendí mucho ayudando a otros investigadores de distintas partes del mundo.

P **¿Cuándo empezaste a estudiar los tiburones?**

R Fui a una expedición científica a unas islas remotas del océano Índico donde descubrimos que la población de tiburones de arrecife se había reducido mucho en los últimos 20 años.

P **¿Qué protección usas para bucear?**

R En los arrecifes los tiburones no son un peligro: solo uso mi traje de buceo.

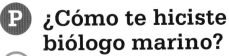

marino

P ¿Qué se siente al nadar cerca de los tiburones?

R ¡Es impresionante! Se ven tan imponentes cuando pasan a tu lado. Y sus miradas te atraviesan.

P ¿Alguna vez te ha mordido un tiburón?

R Hay que respetarlos a todos, pero pocos tiburones son realmente peligrosos. Nunca me han mordido.

P ¿Cuál es el mejor lugar para ver tiburones?

R Quizás un acuario, por desgracia. Y si te es posible ir, es fácil verlos en Australia, las islas Bahamas, las Maldivas y Fiji.

P ¿Has visto algún pariente raro del tiburón?

R Una vez trabajé en un remoto río de Australia donde nadaba con tortugas, cocodrilos y rayas a diario. Allí vi dos peces sierra, unos parientes de los tiburones que son muy, muy raros.

P ¿Por qué son importantes los tiburones?

R Están en la cima de la cadena alimentaria, devoran a otros depredadores y eso ayuda a otras poblaciones de peces a crecer, lo cual aumenta la diversidad.

P ¿Por qué hay cada vez menos tiburones?

R Por exceso de pesca. Hay una gran demanda de aletas de tiburón. En todo el mundo los pescan en grandes cantidades para hacer sopa con sus aletas.

P ¿Qué podemos hacer para protegerlos?

R Hay que dejar de pescarlos, y eso quizás signifique pedirles a todos que no coman carne de tiburón ni sopa de aletas de tiburón.

Glosario

acuario

Lugar donde los visitantes pueden ver distintos tipos de animales marinos como los delfines y los tiburones.

ADN

Sustancia química que tienen todos los seres vivos. Contiene instrucciones para la formación y el funcionamiento del cuerpo.

agallas (o branquias)

Par de órganos que tiene el pez cerca de la boca y a través de los cuales toma el oxígeno del agua.

aleta

Parte del cuerpo del pez, delgada y plana, que usa para nadar o estabilizarse.

aleta dorsal

Aleta vertical que tiene el tiburón en la espalda. La mayoría de los tiburones tiene dos aletas dorsales; y la delantera es usualmente más grande.

aleta pectoral

Cada una de las dos aletas que tiene el tiburón detrás de la cabeza.

arrecife

Barrera de piedras o coral cerca de la superficie del mar.

arrecife coralino

Arrecife formado por el coral y otros materiales convertidos en roca.

banco

Grupo de peces que nadan y comen juntos.

cadena alimentaria

Series de seres vivos que dependen unos de otros para alimentarse. Cada planta o animal es un eslabón de esa cadena.

camuflaje

Coloración natural que ayuda a ciertos animales a confundirse con su entorno.

cartílago

Material fuerte y flexible que forma el esqueleto del tiburón.

Tiburón de arrecife, visto desde abajo, en la Gran Barrera Coralina de Australia.

coral

Sustancia submarina formada por los esqueletos de diminutos animales marinos.

crustáceo

Animal cubierto de un exoesqueleto, es decir, caparazón duro, como la langosta o el cangrejo.

depredador

Animal que caza a otros animales para comérselos.

embrión

Animal aún no nacido que está en las primeras etapas de su desarrollo.

escama

Cada una de las pequeñas placas duras que cubren el cuerpo del tiburón.

especie en peligro

Planta o animal que está en peligro de extinción, usualmente debido a la actividad humana.

extinto

Animal o planta que ya no existe, del que no queda ningún ejemplar.

fósil

Restos de una planta o un animal prehistórico que se ha conservado de alguna manera como, por ejemplo, en una roca.

hábitat

Lugar donde un animal o planta vive y halla su alimento.

hidrófono

Micrófono que capta sonidos bajo el agua.

invertebrado

Animal que no tiene columna vertebral, como el pulpo y el calamar.

migrar

Viajar a gran distancia para tener crías o hallar comida.

presa

Animal que es cazado y devorado por otro animal.

tóxico

Venenoso para los seres vivos.

Índice

A

acuario 72, 75
agallas (o branquias) 8, 17, 53
aletas 7, 8, 13, 14, 16–17, 40–41, 69, 70
aletas dorsales 8, 44, 62, 69
aletas pectorales 8, 13, 40
alimentación por filtrado 20–21, 30, 48–49
anatomía del tiburón 8–9
angelotes 10, 40, 59
ataques a personas 36–37, 38, 48, 67

B

biólogo marino 74–75

C

camuflaje 32, 58, 60–61
cañabota gris 64
Carcharhiniformes 11, 38, 52–53, 56–57
cartílago 8, 9
cine 33, 69
Cladoselache 15
colas 16–17, 26, 40–41

cornuda cuchara 50, 57
cosméticos 73
crías 24–25, 29, 46, 62

D

dientes 8, 25, 73
  fósiles de 14, 15
  tipos de 12, 20–21, 39, 42, 62–63, 64–65

E

especies en peligro 9, 32, 41, 67, 70–71, 75
etiquetas para tiburón 44–45, 47

F

fósiles 14–15
frenesí por la comida 22–23

G

galludo 10, 25
gran tiburón blanco 8–9, 11, 17, 18–19, 20, 27, 31, 32–33, 34–35
  cola del 33, 41
  en peligro 32, 70–71
  migración de 46–47
  peligrosidad 26, 32–33, 37

H I J K

hábitos alimentarios 26, 30, 46, 48, 53, 63, 64
Hamilton, Bethany 36–37
Helicoprion 15
huevos 24–25, 62

L

lamniformes 11, 32–33, 40–41 42–43

M

mandíbulas 20
mantas 13
medusa 14, 39
Megalodonte 15
migración 46–47
mitos y leyendas 68–69

N Ñ

nadar 8, 16–17, 41

O

oído 18
ojos 8, 48, 54–55, 56
olfato, sentido del 18
órganos eléctricos 9, 18–19, 57, 65

P

peces, atrapar 20, 41, 42–43, 52
pescar tiburones 32, 70, 73, 75
pez conejo 12
pez espada 43
piel 16

plástico 72

presa
atrapar 16, 20, 22, 30, 34,
    39, 42–43
de los que filtran comida 21, 48
en las profundidades 9, 61
sentir 9, 18–19, 57

problemas medioambientales 71,
    72–73, 75

Q

quimeras 9, 12

R

rastreo de tiburones 44–45, 47
rayas 9, 13
récords, registro de 45
respirar 8, 17, 53

S

saltar 34, 42–43
Scyliorhinus retifer 58
sentidos 8, 18–19, 57, 65
Sphyrna tiburo 51, 56
Stethacanthus 14
Sudáfrica 34
suño cornudo 62–63
suño de Galápagos 11, 58
superpredadores 42
surfistas 36–37

T U

tiburón
campeones 26–27, 40
investigar 44–45, 74
órdenes de 10–11
parientes del 12–13, 75
tiburón azul 11, 31, 46, 54–55
tiburón ballena 10–11, 26, 30–31,
    48–49, 69
crías del 24–25
filtrar alimentos 21, 48
migración del 46–47
tiburón boquiancho 21, 64–65
tiburón cebra 41, 50
tiburón cobrizo 21, 50
tiburón de arrecife de punta
    blanca 51, 53
tiburón de Groenlandia 27, 64
tiburón duende rosado 27, 31,
    64–65
tiburón leopardo 58
tiburón limón 16–17, 22–23,
    24–25, 50
tiburón mako 27, 31, 42–43
tiburón martillo 9, 50–51, 56–57
tiburón nodriza 59, 63
tiburón peregrino 20–21, 30, 49
tiburón pigmeo 26
tiburón sarda 26, 47, 51
tiburón tigre 26, 31, 36–37,
    38–39, 41, 46

tiburones alfombra 10–11, 48–49,
58–59, 60–61
tiburones anguila 11, 64–65
tiburones cornudos 11
tiburones costeros 50–51
tiburones de arrecife 50, 51, 52,
    53, 71
tiburones de las profundidades
    64–65
tiburones extintos 14–15
tiburones grandes 26, 32–33,
48–49
tiburones lija 10
tiburones más feos 27
tiburones sierra 10, 21, 40, 50, 51
tiburones vaca 11
tiburones venenosos 27
tollo cigarro 26, 31,
    40, 64
tortugas 37, 39

V W X Y

viajar 46–47
vibraciones, sentir 18–19
vista 19, 43, 56, 65
vulnerable 71

Z

zorro marino 26, 30-31, 40–41

Agradecimientos

Créditos fotográficos

1, 2–3 (background): iStockphoto; 2br, 3tr: Marine Themes Pty Ltd; 4–5 (background): iStockphoto; 4 (shark): Martin Strmko/iStockphoto; 5 (coral): David Fleetham/Visuals Unlimited, Inc./Photo Researchers, Inc.; 5 (coral): iStockphoto; 6–7: Gary Bell/OceanwideImages.com; 8–9: Andy Murch/Visuals Unlimited, Inc./Science Photo Library; 8tr: iStockphoto; 9tr: Michael Patrick O'Neill/Photo Researchers, Inc.; 9cr, 9bl: Marine Themes Pty Ltd; 9br: Ian Scott/iStockphoto; 10–11 (water background): iStockphoto; 10–11 (sand background): Dirk-jan Mattaar/Dreamstime; 10–11 (columns): Stocksnapper/Dreamstime; 10 (whale shark): Krzysztof Odziomek/Dreamstime; 11 (great white shark): iStockphoto; 11 (nurse shark): Kjersti Joergensen/Dreamstime; 10–11 (all others): Marine Themes Pty Ltd; 12 (elephant fish): Bill Boyle/OceanwideImages.com; 12 (rabbitfish): public domain; 12–13 (all others): Marine Themes Pty Ltd; 14–15 (background): iStockphoto; 14tl: Christian Darkin/Photo Researchers, Inc.; 14bl: iStockphoto; 14–15c: image produced by Karen Karr for the Virginia Museum of Natural History, image used courtesy of VMNH; 15tr: Ashok Rodrigues/iStockphoto; 15c, 15b: Christian Darkin/Photo Researchers, Inc.; 16–17c: iStockphoto; 16bl: Eye of Science/Photo Researchers, Inc.; 16bcl: iStockphoto; 16bcr: Anankkml/Dreamstime; 16br: iStockphoto; 17tl: Alexis Rosenfeld/Science Photo Library/Photo Researchers, Inc.; 17bl: iStockphoto; 17bc: David Fleetham/Visuals Unlimited, Inc.; 17br: SeaPics.com; 18–19: Marine Themes Pty Ltd; 18bc, 18br, 19bl, 19bc, 19br: iStockphoto; 20cl: Animals Animals/SuperStock; 20bl: iStockphoto; 20 (teeth): Rowan Byrne/SeaPics.com; 20 (great white shark jaw, prickly dogfish jaw): Marine Themes Pty Ltd; 20–21br: Doug Perrine/SeaPics.com; 21cl: Marine Themes Pty Ltd; 21r: SeaPics.com; 22–23: Naluphoto/Dreamstime; 24–25 (shark birth): SeaPics.com; 24–25 (egg cases): Marine Themes Pty Ltd; 25tc: Alex Kerstitch/Visuals Unlimited/Science Photo Library; 25tr: Marine Themes Pty Ltd; 25br: Jeff Rotman/Nature Picture Library; 26–27 (background): ryan burke/iStockphoto; 26–27 (frames): Iakov Filimonov/Shutterstock; 26tr: Marine Themes Pty Ltd; 26tl: WaterFrame/Alamy; 26cl: Roberto Nistri/Alamy; 26bl: Fiona Ayerst/Dreamstime; 26–27b: Scubazoo/Science Photo Library; 27tl: Photomyeye/Dreamstime; 27tr, 27cr, 27br: Marine Themes Pty Ltd; 28–29: Alberto Pomares/iStockphoto; 30 (dusky shark): OceanwideImages.com; 30 (crocodile shark): iStockphoto; 31 (cookie-cutter shark): public domain; 31 (great white shark): Willtu/Dreamstime; 31 (blue shark): Fiona Ayerst/Dreamstime; 30–31 (all others): Marine Themes Pty Ltd; 32–33: Stephen Frink Collection/Alamy; 32cl: Chris Dascher/iStockphoto; 32bl (map): pop_jop/iStockphoto; 32bl (shark icon): ryan burke/iStockphoto; 32tr: Terry Goss/Wikimedia Commons; 33cl: Moviestore Collection Ltd/Alamy; 33tr: Puddingpie/Dreamstime; 33rct: Kevin Browne/Alamy; 33rcb: SeaPics.com; 33br: Marine Themes Pty Ltd; 34–35: Steve Bloom Images/Alamy; 36tr: John_Woodcock/iStockphoto; 36c: Noah Hamilton Photography; 36bl: v0lha/iStockphoto; 37tl: Dejan Sarman/Dreamstime; 37tc: Marine Themes Pty Ltd; 37tr: Amanda Cotton/iStockphoto; 37bl: Noah Hamilton Photography; 38cl: Naluphoto/Dreamstime; 38–39 (jaws): Masa Ushioda/SeaPics.com; 38 (armor): Iakov Filimonov/Dreamstime; 38 (license plate): Michelle/Fotolia; 38 (antlers): joppo/Fotolia; 38 (horse): Alexia Khruscheva/Dreamstime; 38 (drum): Grafvision/Fotolia; 38 (gas can): Alexandr Vlassyuk/Fotolia; 38 (dynamite): Ongap/Dreamstime; 39 (seagull): F9photos/Dreamstime; 39 (squid): Wksp/Dreamstime; 39 (jellyfish): Dwight Smith/Dreamstime; 39 (turtle): Idreamphotos/Dreamstime; 39 (dolphin): Duncan Noakes/Dreamstime; 39 (lobster): Maceofoto/Dreamstime; 39tr: Chris Butler/Photo Researchers, Inc.; 39br, 40–41c: Marine Themes Pty Ltd; 40 (cookie-cutter shark): Roberto Nistri/Alamy; 40 (all others): Marine Themes Pty Ltd; 41tl: Steffen Foerster/Shutterstock; 41 (tiger shark): SeaPics.com; 41 (great white shark): Marine Themes Pty Ltd; 41 (zebra shark): Zeamonkeyimages/Dreamstime; 41 (pelagic thresher shark): Marine Themes Pty Ltd; 42tl: Natural History Museum, London/Photo Researchers, Inc.; 42cl: Marine Themes Pty Ltd; 42–43 (porthole): Leon Suharevsky/iStockphoto; 42–43 (shark and diver): Marine Themes Pty Ltd; 42–43 (mackerel): stephan kerkhofs/iStockphoto; 43tr: Angel Fitor/Science Photo Library; 43cr: Richard Carey/iStockphoto; 43br: stephan kerkhofs/iStockphoto; 44tl: Fiona Ayerst/iStockphoto; 44tr, 44bl, 44br, 45tl, 45tr: Marine Themes Pty Ltd; 45bl: Louise Murray/Science Photo Library; 45br: Jeff Rotman/Photo Researchers, Inc.; 46–47 (map): Etunya/Dreamstime; 46tc: Marine Themes Pty Ltd; 46 (monarch butterfly): Jordan McCullough/iStockphoto; 46 (Arctic tern): alarifoto/iStockphoto; 46bc: Naluphoto/Dreamstime; 47tr: Newspix/News Ltd/3rd Party Managed Reproduction & Supply Rights; 47cr: Jagronick/Dreamstime; 48tl: J. Henning Buchholz/Dreamstime; 48–49c: Jamiegodson/Dreamstime; 48–49 (water flea): Laguna Design/Photo Researchers, Inc.; 48–49 (all other small prey): D.P. Wilson/FLPA/Photo Researchers, Inc.; 49tc: Alex Mustard/Nature Picture Library; 49bc (bus): Scholastic; 50 (scoophead shark): SeaPics.com; 50–51 (scalloped hammerhead shark): Steve Bloom Images/Alamy; 50–51 (zebra shark): Zeamonkeyimages/Dreamstime; 50–51 (longnose saw shark): OceanwideImages.com; 51 (whitetip reef shark): Olga Khoroshunova/Dreamstime; 51 (bonnethead shark): Doug Perrine/SeaPics.com; 51 (winghead shark): Stephen Kajiura/SeaPics.com; 50–51 (all others): Marine Themes Pty Ltd; 52tl: Carol Buchanan/Dreamstime; 52tc: Alexis Rosenfeld/Photo Researchers, Inc.; 52c (shark): Martin Strmko/iStockphoto; 52cl (school of fish): Paul Vinten/iStockphoto; 52bl (eel): Richard Carey/iStockphoto; 52bc (angelfish): cynoclub/iStockphoto; 52–53 (red sponge): Richard Carey/iStockphoto; 52–53 (background): Igor Borisov/iStockphoto; 53tc: Marine Themes Pty Ltd; 53tr: Sburel/Dreamstime; 53bc (shark): David Fleetham/Visuals Unlimited, Inc.; 53bl (school of fish): Richard Carey/iStockphoto; 54–55: Marine Themes Pty Ltd; 56–57 (background and shark c): stockfoto/Fotolia; 56tl: J Hindman/Fotolia; 56b (shark): Marine Themes Pty Ltd; 56b (background): Logorilla/iStockphoto; 57tr: Dream69/Dreamstime; 57 (scalloped hammerhead): Mark Doherty/Fotolia; 57 (scoophead): OceanwideImages.com; 57 (smooth hammerhead l, smooth hammerhead r): Marine Themes Pty Ltd; 57bl: Richard Carey/Fotolia; 58 (sand devil): Chris Moncrieff/Dreamstime; 59 (angular rough shark): Citron/Wikimedia Commons; 59 (tawny nurse shark): sdubrov/Fotolia; 58–59 (all others): Marine Themes Pty Ltd; 60–61b: Andy Murch/Visuals Unlimited/Science Picture Library; 61tl: Jamiegodson/Dreamstime; 61tr: Marine Themes Pty Ltd; 61crt: OceanwideImages.com; 61clb: Teguh Tirtaputra/Dreamstime; 61crb, 61bl, 61br, 62tl, 62c, 62bl: Marine Themes Pty Ltd; 62bc: Stephen Frink Collection/Alamy; 62br: Phillip Colla/SeaPics.com; 63: Stephen Frink Collection/Alamy; 64 (background): Misko Kordic/Dreamstime; 64 (cookie-cutter shark): Bill Curtsinger/Getty Images; 64 (goblin shark): e-Photography/Makoto Hirose/SeaPics.com; 64 (megamouth shark): Bruce Rasner/Rotman/Nature Picture Library; 64 (scuba icon): Tulay Over/iStockphoto; 64 (whale icon): Ace_Create/iStockphoto; 65 (goblin shark): David Shen/SeaPics.com; 65 (frilled shark): Marine Themes Pty Ltd; 66–67: Uwe Zucchi/AFP/Getty Images; 68: The Stapleton Collection/Bridgeman; 69tr: pixbox77/Fotolia; 69cl: Ivan Cholakov/Shutterstock; 69cm: DreamWorks Animation/Bureau L.A. Collection/Corbis; 69cr: Strezhnev Pavel/Fotolia; 69bc: John S. Vater, Ceviche Tours, www.cevichetours.com; 70–71: Tui De Roy/Getty Images; 70cl, 71tl: Marine Themes Pty Ltd; 71tr: Carol Buchanan/Dreamstime; 71crt: Mark Doherty/Dreamstime; 71crm: Marine Themes Pty Ltd; 71crb: Andamanse/Dreamstime; 71br: Bkaiser/Dreamstime; 72tl: Song Zhenping/Xinhua Press/Corbis; 72tr: Tova Bornovski/Micronesian Shark Foundation; 72bl: Alexis Rosenfeld/Photo Researchers, Inc.; 72br: Hbh/Dreamstime; 73tl: Agustna Fajarmon/Dreamstime; 73tr: Jeffrey L. Rotman/Dreamstime; 73bl: Monkey Business Images/Dreamstime; 73br: July Store/Shutterstock; 74tr: Mark Spalding/The Nature Conservancy; 74bl: Predrag Vuckovic/iStockphoto; 74–75b (background): Tobias Helbig/iStockphoto; 74b (shark): Chris Dascher/iStockphoto; 75tr: Thinkstock; 76–77 (porthole): Leon Suharevsky/iStockphoto; 76–77 (shark): Stevenmaltby/Dreamstime; 78–79: Pinosub/Shutterstock; 80: Aaron Croft/iStockphoto.

Créditos de cubierta

Background: George Toubalis/Shutterstock. Front cover: (tl) Marine Themes Pty Ltd; (c) Mike Parry/Minden Pictures; (bl) Ian Scott/Dreamstime; (br) Ralf Kraft/Dreamstime. Spine: cameilia/Shutterstock. Back cover: (tr) OceanwideImages.com; (computer monitor) Manaemedia/Dreamstime.